AF142519

DANIELA TOMA

SUBLIME ET IMPROPRE AVEC CONFESSION

Traduit du roumain par **Gabrielle DANOUX**

DANIELA TOMA

SUBLIME ET IMPROPRE AVEC CONFESSION

Traduit du roumain par **Gabrielle DANOUX**

Titre original : *Sublime et impropre avec confession*

© 2023 DANIELA TOMA
Édition : BoD – Books on Demand, info@bod.fr
Impression : BoD – Books on Demand, In de Tarpen 42,
Norderstedt (Allemagne)
Impression à la demande
ISBN : 978-2-3225-0649-1
Dépôt légal : Novembre 2023
Graphisme : Corina REZAI

Daniela TOMA est diplômée de l'Université Lucian Blaga de Sibiu, faculté des lettres et des arts, professeur de langue et littérature roumaines, traductrice agréée par le ministère de la Justice, éditrice chez Art Creativ, Bucarest, productrice d'émissions culturelles sur Radio Shalom Roumanie, rédactrice en chef de la revue « Monitorul de poezie » [Le Bulletin Officiel de poésie] ; en plus de la poésie, de la chronique littéraire, des traductions, signalement de livres, elle a fondé et soutient la rubrique « Start Art », elle est l'initiatrice du « Cenaclul de urgenţă » [Le Cénacle d'urgence] et du « Creative Art Literary Group » créé en 2014 ; écrivaine roumaine, la peinture est une autre de ses passions.

Début en littérature : 1978, dans la revue ASTRA, Braşov Recueils publiés : *Mă numesc Doi* **[Je m'appelle Deux]**, Editura Rovimed Publichers, Bacău, 2013 ; *Forma paşilor pierduţi* **[Le forme des pas perdus]**, Editura Transilvania Publichers, 2013 ; *Evanghelia după mine însămi* **[L'Évangile d'après moi-même]**, Editura Rovimed Publichers, Bacău, 2014 ; *Ziua când am semănat cu tine* **[Le jour où j'ai ressemblé à moi-même]**, Editura Art Creativ, Bucureşti, 2014, IIIe place du concours des plus beaux livres de l'année 2015 ; *Când vorbesc în numele meu* **[Quand je parle en mon nom]**, Editura Art Creativ, Bucureşti, 2016 ; *fragile* **[fragiles]**, Editura Art Creativ, 2017, poèmes en prose ; *O altă Ană/ Una altra Anna* **[Une autre Ana]**, poemes traduïts en català per Pere Bessó,

Editura Art Creativ, 2018 ; *Nunta nălucilor de hârtie* **[Les Noces des fantômes de papier]**, Editura Art Creativ, 2019 ; *Superba rochie neagră a umbrei mele* **[La superbe robe noire de mon ombre]**, Editura Art Creativ, 2020 ; *Vremurile se scriu în jurnalul unei pisici sălbatice* **[Les Temps s'écrivent dans le journal d'un chat sauvage]**, poème théâtral (incommode et même bizarre), Editura Art Creativ, 2021 ; *Perspective critice* **[Perspectives critiques]** – petit discours inclus (critique littéraire), Editura Rafet, 2021 (Prix des éditions Rafet pour la critique littéraire au festival *Titel Constantinescu*, XIIIᵉ édition, 2021) ; *Ochi de lună* **[Œil de lune]**, Editura Universitară, 2021.

Daniela Toma a reçu de nombreux prix dont seuls certains seront mentionnés ici : Prix de la revue *Portal Măiastra* lors de la XXXVIIᵉ édition du Festival International de Littérature *Tudor Arghezi*, 2017 ; le IIᵉ prix au Festival International *Adrian Păunescu*, VIIᵉ édition, Craiova, 2019 ; le prix *Axis Libri* au Festival International de l'aphorisme, IIIᵉ édition, Tecuci, 2019 ; le prix des éditions Rafet au Festival *Titel Constantinescu*, XIIIᵉ édition, Râmnicu Sărat, 2021, pour la critique littéraire avec le recueil [*Perspectives critiques – petit discours inclus*] ; finaliste avec le poème théâtral, *Vremurile se scriu în jurnalul unei pisici sălbatice* [*Les Temps s'écrivent dans le journal d'un chat sauvage*] au Concours de création théâtrale organisé par le Théâtre des Dramaturges Roumains, le Musée National de la Littérature Roumaine et la Bibliothèque Métropolitaine ; le prix *Marin Preda* de Rivista letteraria Lido dell'anima, Italie, pour *Decor cu pădure de tinichea* [*Décor avec forêt d'étain*], 15 oct, 2021 ; le IIe prix au Festival International de Création *Vrancea Literară*, Focşani, 2022, dans la catégorie critique littéraire pour *Perspective critice* [*Perspectives critiques*] – *petit discours inclus* ; le IIIe prix au Festival International *Adrian Păunescu*, VIIIe édition, 3 décembre, 2022, Craiova.

Ses poèmes ont été traduits dans les langues suivantes : catalan, anglais, français, bulgare, ukrainien, italien, espagnol.

Elle a participé à différents récitals de poésie dont : le Festival International de Poésie de Bucarest, en 2018 et 2019, le Festival la Rue du Livre artistique (Strada de C'arte) de Bucarest, toujours de 2018 et 2019, le Salon du Livre de la région d'Argeş, 2018, le Cénacle de Rome, 2018, le Festival le Théâtre sous la lune, 2019, le Festival d'art de Techirghiol organisé par le Musée National de la Littérature Roumaine, du 1er au 4 sept, 2022, le Festival de Poésie de Corbu, sept. 2022 etc.

En marge des livres de Daniela Toma ont écrit les critiques littéraires suivants : Octavian Mihalcea, Victor Martin, Ioan Barb, Angela Mamier Nache, Daniel Marian, Lucian Gruia, Raluca Faraon, Mihaela Meravei.

Gabrielle DANOUX (pseudonyme littéraire de Gabrielle Sava) est née en 1975 à Bucarest. Après un baccalauréat littéraire au Lycée français de Bucarest, hypokhâgne à Strasbourg, une licence de lettres et une maîtrise de droit, elle devient juriste et traductrice d'entreprise. En 2006, elle entre à l'École Nationale des Finances Publiques pour devenir fonctionnaire à la Direction Générale des Finances Publiques, avant de suivre finalement un master 2 de traduction professionnelle français-roumain et d'exercer aujourd'hui l'activité de traductrice littéraire, avec déjà de nombreux romans et recueils de poésie à son actif (une trentaine). Garielle Danoux a également contribué à la rédaction en français de plusieurs articles Wikipédia sur des écrivains roumains.

Liste des traductions dans l'ordre de publication :

Gib I. Mihăescu, *La Femme chocolat*, 2013 ; **Max Blecher**, *Cœurs cicatrisés*, 2014 ; *Corps transparent*, 2017 ; **Anton Holban**, *Le Collectionneur de sons*, 2015 ; **Mihai Neagu Basarab**, *La dernière bohème bucarestoise (1964-1976)*, 2015 ; **Călin Torsan**, *Brocs en stoc*, 2015 ; **Ion Pillat**, *Monostiches et autres poèmes*, 2015 ; *Le Bouclier de Minerve*, 2016 ; **Jean Bart**, *Europolis*, 2016 ; **Valeriu Marcu**, *1871*, 2016 ; **Barbu Delavrancea**, *Hadji Tudose*, 2016 ; **Nestor Urechia**, *Dans les Bucegi*, 2017 ; **Gheorghe Crăciun**, *La Poupée russe*, 2017 ; **Valentin Dolfi**, *Photos de famille*, 2017 ; **Alice Orient**, *Textes*

10

choisis, 2017 ; **Daniel Marcu**, *L'Archive des nus pressentiments*, 2018 ; *L'Académie de l'air*, 2020 ; **Violeta Lăcătuşu**, *Daria*, 2018 ; **Emil Gulian**, *Le Bal de l'auberge*, 2019 ; **Mateiu I. Caragiale**, *Les Seigneurs du Vieux-Castel*, 2021 ; **Gabriel Dinu**, *D'un bout à l'autre*, 2022 ; *C'est alors que je leur ai dit (100 + 1 évangiles lyriques)*, 2022, *Le IV Reich*, 2022, coécrit avec **Marius Conu** ; **George Schinteie**, *Le désert de quartz (poèmes au gré du vent)*, 2013 ; **Association Poemania**, *Dix poètes roumains contemporains*, 2023.

Les poètes savent tout faire
mais surtout
mourir à temps

(Aurel Dumitraşcu, 1979)

j'avais l'impression d'être assise dans de longues rangées
devant le peloton d'exécution
à chaque place je m'y trouvais, moi, ensuite encore moi et
ainsi de suite jusqu'à la fin,
d'interminables rangées de moi se détachaient de moi-même,
comme je n'en avais jamais vu auparavant

je leur ai donné à chacune un nom de combat,
de prématurés trous dans la poitrine et une tente pour les
jours humides,
sur le tard, j'ai demandé à ne plus être dérangée

je ne peux pas dire que j'ai trahi quand j'ai remplacé mes
souvenirs
par un morceau de chocolat noir,
en les trompant « on ne se verra plus prochainement »

j'affectionnais les manuels militaires,
que je lisais toujours sans la permission en bout de rang
même si elle-ci faisait de la propagande pour la lune de miel,
me convoquant le matin pour un duel,
mais moi, j'étais inscrite à l'école des dames de compagnie
à cette époque-là

une vieille ridicule, qui habitait dans un arbre,
portait un voile et des gants noirs jusqu'aux coudes
et elle confectionnait quotidiennement des décors du rien
dans un espace dédié et avec des poisons

l'espoir d'un fou en haillons
rédigeait sur le front des lettres terriblement tristes et longues
aux chardons,
des invitations à son mariage pour la famille entrée en
décomposition

(les horreurs de la guerre mois d'août imaginaire,
c'est rare de converser d'abord avec soi-même par
correspondance
et ensuite se replier)

bien que la position favorable au tir ne fût jamais à mon
avantage,
elle se comporta alors en amie,
en m'autorisant à cueillir des champignons jusqu'à un âge
avancé
et je me suis emmenée une couverture pour bien recouvrir le
Musée du Village
avec de l'air nouveau

– tiens ! ceci est la panse pleine de plâtre de la planète,
rentre toi aussi avec ton rang entier dedans,
certaines personnes sont des portes d'accès pour d'autres !
on m'a dit

et j'eus l'impression que m'avaient déjà quittée mille rangées
et moi incluse…

l'ombre à la robe noire colle son amour à un cercle
qu'elle n'a de cesse de faire tourner,
gonfle le ciel dans sa peau de vieillard
et accroche ses bras à l'obscurité

si elle écrasait la ligne bleue de l'intérieur,
elle ferait d'autres miettes au-dessus la main tendue de sa
famille
parvenant ainsi à relever doucement de sens vivant sur les
épaules
au-dessus de l'air chaud

mais elle n'organise pas un flagrant délit des dialogues avec
chignons
ni de ceux avec luettes de soleil,
il reste une pirouette dans la chair entière du noir,
en peu dans celle du blanc
et assez haut dans l'obscurité entamée

l'ombre à la robe noire sirote le sommeil choisi
dans un verre en cristal

derrière les minutes, des yeux en nombre et une tentative

me voilà dans le goût d'une profondeur non apprêtée
qui ignorait par qui elle était nourrie,
et qui ne caressait pas non plus son coude par peur de
glisser
dans ce qui avait été allumé par le rouge
et par le sort
pour l'instant toutes les déceptions étaient closes,
d'autres masques entraient dans un cercle argenté et
immature,
bien décidé à mettre une âpreté complète dans le corps de
l'amour
ensuite, plus rien ne devait encore être dit
pour que ne sortent les racines désorientées en pause
et qu'elles ne trouvent quelque info isolée
entre le début et la fin du 7
simple
et vertical
des formes de l'entier grimpent sur la poitrine du très haut
pour accomplir leur incarnation en os
jeté depuis le ciel

je n'ai rien d'autre à faire
j'écoute une prière aux portes

je traversais la lumière et la dentelle de ma robe s'allumait
et dansait avec moi autour du lit amoureux
personne ne savait qu'elle portait des habits de calicot bon
marché avant,
elle restait toujours en retrait, dans une sorte de cercle sans
yeux,

moi, cependant, j'ai refusé le cœur des grenades dans lequel
j'ai bourré de la lumière
pour que la deuxième journée également soit passionnée,
scintillante et ivre d'amour

bientôt, soumise à l'extérieur et à l'intérieur,
elle prit l'habitude de faire fleurir des réservations entières de
grâces
qu'elle enfilait le long des ans, bien entendu,
après leur avoir fouetté chaque jour les épaules dénudées

jusqu'au lever du jour, la passion gémissait dans ma robe de
dentelle gloutonne,
sous l'ourlet une invasion de papillons insolents

bientôt je ne porterai plus qu'un bout de toile munie d'ailes

soudain et mollement, l'air s'est mis à genoux,
il s'est claquemuré entre les rotules,
j'ai eu l'impression qu'il voulait leur renforcer le probable
rongé par un trait noir dans lequel s'était retirée la douleur
non invitée

il l'a ensuite renvoyée de force vers le blanc immaculé, en lui
ordonnant :
– sois tremblement de terre suffisant, neige, besoin et silence,
dépose ici-même tes entrailles de moineau, cuis-les à feu
doux, le dos tourné au printemps,
apporte-moi vite un *bloody-mary,* le vélo laissé par papa et
l'idée de la flânerie sans grands airs,
à exécution immédiate, bien entendu !
je veux, sur le champ, jeter le manteau dans lequel je
t'enlaidis,
je veux que tu entres de nouveau dans un lit d'enfant !

allez, réveille-toi, tout en t'oubliant !

un beau jour tu boiras le vin comme tu déshabilles une
femme près d'une source

(si tu regarderas mes épaules de plus près tu verras
comme dans ma chair se déploient tous les liens du monde
dans lesquels j'ai bercé l'odeur de pommes cuites)

un temple païen et infini croît sur mon corps

les nuits se balancent tantôt à gauche, tantôt à droite
et tu les crois
et tu les comptes sur tes doigts
car
jamais tes matinées ne furent plus amoureuses

et seul Dieu sait
pourquoi elles se taisent et pleurent dans toutes les voix
d'une cloche

couds tes paroles avec du fil de barbelé à la partie qui
ressent le droit de l'hiver,
c'est-à-dire, un peu plus haut que l'endroit où il a neigé avec
des gens tout droit sortis des heures blanches,
des mondes des autres

ne regarde personne droit dans les yeux pour ne pas finir dans
le son de la cloche
qui te dit qu'on ne ressent plus rien, qui ne fait que
s'empiffrer avec des ombres aveugles

avale ton cri à temps et ne le laisse pas comme preuve à des
hommes habillés en gris,
pour que tous les autres croient qu'il sait d'une simple panne
de la porte de sortie

tandis que tu t'entraînes à rester encore une heure debout
sans manger et sans couvertures,
il y aura bien une mauvaise langue qui déroulera toujours la
situation initiale

même si elles ne sont plus à toi les paroles des deux parties,
au centre d'amusement, les sentiments t'appartiennent

mais tu peux ouvrir le feu sur les crèches nordiques et les
cascades de méditation
tu seras surpris de voir comment elles passent vite les 30
minutes

parce que j'ai le temps,
je pourrais construire des liens entre les nids de poules sages
sans que vous entendiez le moindre cri se réveiller
et tenter d'errer sans avoir été auparavant instruit

même lorsqu'un cercle brûlant et rêche
dépense toutes ses économies,
l'éternelle tentation cuit dans l'âtre
dans une sorte de complétude du toujours plus haut
et du trop-plein de son propre silence

tu peux la sentir si tu ranges les caprices dans une forme
d'ensemble remplie de marches hautes et de froid

les jours suivants la chambre verte est stérile
et ne porte que des habits grassouillets

quand je n'ai pas pu m'endormir
je me suis astreinte à mettre l'obscurité la tête en bas,
à faire en même temps qu'elle un excès de noir complet
dans le plexus et, après de nombreuses heures, de
l'éparpiller d'un seul bras
comme une terrible nouvelle, reçue le matin, avec le café

je sais qu'il n'existe qu'une seule pause d'incroyable
qui ne supporte pas la punition de l'âge détachée des
conventionnels aujourd'hui et hier, nuit ou jour,
pour m'endormir, je dois impérativement déposer
son poids sur la véranda,
après en avoir pesé le moindre petit os à des températures
élevées, impossible à supporter

ce n'est qu'alors que disparaît la brûlure,
sans que je doive y jeter des listes d'attentes ou de l'eau
bouillante,
sans que je doive l'étaler par terre comme un élastique et
la rafraîchir en continu avec de grands morceaux de mon
air frais prélevé au coin de rue

les mauvaises choses que je mets à l'index tombent dans le
péché juste sous la table avec le métier à tisser

quelqu'un érigeait une muraille avec mes propres mains
creusait les reports l'un après l'autre
et le écrasait entre ses genoux

il y avait tout plein de *moi* partout

on dispersait mon corps à l'instar des semis féconds
aux quatre coins du monde
au début je n'ai pas voulu bouger du tout,
laisser l'œil mordre dans les autres
pour qu'ils brillent eux aussi un peu

ensuite, j'ai découvert de la vie entre mes os
et des interrogations sur le premier amour,
j'ai recherché celui qui détenait des millions de projets
dans l'esprit des fleurs,
captif, il vivait sous de hautes épaules
il lavait ses symphonies avec du lait frais
et il me dessinait des robes vaporeuses que je devais porter
au spectacle de quelques solitaires

ensuite est arrivé un piano à la poitrine gonflée,
a éparpillait tous les yeux de la cour
et m'a interdit de porter encore un foulard

en définitif, c'était bien mieux ainsi
j'aurais pu prendre le risque de devenir un sentiment

pendant un temps mes mouchoirs ont fleuri dans le tiroir
à chaque début de semaine,
toujours après m'être habillée tout en blanc
et après avoir mordu dans les envies étrangères
comme si les jours en étaient à leur fin, déjà vieillies

sur le pont je ne montais que pour passer avec prudence
dans la salle de concerts où il n'y avait pas de télé,
mais seulement un bateau en papier

je cassais entre mes dents de belles illusions
que j'enterais sous un tas de petits poissons scintillants qui
tombaient d'une certaine manière quand je bougeais le bras
celui qui avait empoisonné la bible était mort depuis
longtemps et quelqu'un de vif d'esprit et de rapace a fait
fortune avant d'être jeté là où était sa vraie place, en fait
comme au cirque le monde s'était rassemblé lorsqu'il fut
question qu'un hibou visionnaire partage des fraises à la
crème chantilly à de la famille éloignée

la sensation que ton cœur pulse dans sa main
ne pouvait pas être qualifiée de trahison
ni transformée en haillons pour un nouvel article de loi
toi aussi tu devais porter des chaussures blanches et les pieds
nus entre deux solfèges banals avec un photographe,
un lit en bois et un chat presque noir
qui ressemblait, en effet, à un avion
j'ignore si sur une autre rue, le sommeil de la beauté

a le droit de discourir sur les nouveaux-nés et les symphonies
sans susciter des applaudissements sous le crépi

ensuite, je me souviens que nous avons pris une douche
ensemble comme si les fiançailles s'étaient depuis longtemps
égarées

les chasseurs avaient bien caché dans l'armoire
un drapeau blanc

entre-temps, personne n'a pris ta place,
ton ombre est plus grande, car tu portes des talons hauts,
elle s'enlace de façon quasi interdite sous ta peau chaude,
l'étire et se divise en ombres plus petites,
elle est heureuse sans raison

sur le banc, toujours personne ne s'est assis,
le contour fin de l'ombre est mesurable à l'aide de l'esprit
de Dieu et
il choisit avec satiété des morceaux d'impatience,
il réfléchit à tout

des traces de jours raccourcis se dirigent vers toi,
il te reste juste le temps d'écrire deux lignes sur la
balançoire ancienne,
le brouillard pousse les traces du passage vers le bas,
de l'autre côté de la ligne, près de l'embarcation, plus rien,
à chaque instant ce rien t'incite à vivre
à ta guise

seule ton ombre t'aime, te cache à la vue des gens
et lave ta robe

j'ai l'impression qu'il fait beau de l'autre côté,
s'y dépose le vol aveugle qui ne porte pas de chemise,
il est venu pour ramasser tout ce qu'il n'a pas vécu jusqu'à
présent, c'est ainsi que je passerai

même si le doute mastique dans ces mille bouches
et déménage de-ci de-là,
il m'importe de rappeler les tisseuses de l'imagination,
leur maudite langue
et la musique ancienne,

mon numéro porte-bonheur peut être *aucun*,
les os que je porte, remplis de leur poussière,
sont de plus en plus lourds,
instruments de torture

et s'il manquait quelque chose, il y aurait juste les larmes,
mais pas celles qui coulent des yeux,
celles, au contraire, qui y retournent, à travers les cils,
et les inondent comme une eau trouble

et toi, né dans cette eau-là, tu ouvres un portail
mais tu n'entres pas

tu demeures gibbeux toute la journée
simple et non-bercé, tu n'as pas été dans le carrousel

tu sais, parfois je sens comme des ailes de chouette
qui se versent dans mon propre sang,
il les relève comme un bouclier au-dessus de la tête
et il y jette ensuite des boules de neige
environ cinq jours d'affilée tout le long de l'assemblée
d'autres fois, ces mêmes ailes enterrent profondément mon
corps dans un mur liquide,
la partie connue, la partie inconnue et la partie étendue par-
dessus mon goût, toutes s'illuminent
la crainte rentre à travers une fissure dans la légalité,
elle note en dérision les premiers symptômes du film muet,
ne dit plus rien des sucettes et du sommeil,
elle devient plus tard dans les entrailles émotion d'argile
et maintenant que faisons-nous ? tu demanderas
nous comptons encore de droite à gauche le marmonnement
sous la peau ?

il arrive que le matin une illusion fasse toujours du bruit,
se débattant, sans que personne ne sache où,
tu dois attendre qu'elle se colle à toi comme un état de fait,
que tu deviennes grisonnant et que tu te réveilles de nouveau
encore plus fatigué,

d'autres choses qui restent à faire envahissent l'espace des
miroirs, tu ignores de quel côté est enfermé le temps perdu
des dimanches, rien n'advient,
elles sont dépourvues d'identité

tu choisis l'avancement du monde,
tu lui mets une écharpe jaune et un sommeil tout aussi jaune
sur la poitrine, des morceaux de toi le touchent, tombent avec
fracas, tu te dis plus tard que tu crieras,
tu crieras de façon menaçante…

à présent pourtant, à cet endroit vieilli et insupportable
tu n'es qu'une passion énorme qui recouvre ses yeux,
rien n'est suffisant
le jaune de vie crie pour que le monde l'attende

une partie de moi-même avale une bouchée énorme
d'indifférence au moment de l'impact,
sur la balance, le froid cloue les bras de l'étoile,
se perd comme s'il n'avait jamais été raccourci
à la télé

je me dispute avec le chronomètre de l'ascenseur qu'il laisse
mes chaussures contrariées,
lui insiste, déplace ma voiture
et il mord ma main de ronces,
et ce n'est qu'alors que les tours de l'église de rivière
guérissent au studio

une fois j'ai péché avec une idée de blanc et maintenant je
l'invoque de nouveau

(pour le reste, je vais bien, je cite d'une langue morte, je n'ai
plus de nouveau parfum)

je traîne derrière moi une ligne interrompue, une photo de
mariées et des yeux écarquillés dont le vert s'est fait la malle
avec des intentions pas pures
j'ignore pourquoi un sourire crispé est resté accroché
dans une position d'heure exacte
pile près d'un œillet marié plusieurs fois
avec une colline toute-nue et sans sort

j'ai vu la photo au petit matin
à travers les fissures de plastique d'un contour illisible
mais je n'ai aucune idée pourquoi le sommeil de beauté
s'était mélangé avec les bons d'essence
et, par addition, la robe de mariée tire seule les conclusions
dans un parking sépia

je traverserai très vite la rue
pour annuler la silhouette des grands jours
et la douceur des débuts

tu dois savoir que les applaudissements dansent encore
sous l'épiderme, suscités sous le crépi, portent le même
drapeau blanc, par conséquent, les paroles étendent
gracieusement leurs dos entre moi
et moi-même

l'offre est limitée, mais, durant les mois d'hiver

pour le reste, je vais bien, l'expression de tolérance chez
les petits esprits, m'a été imprimée dans un journal de
Constanţa

je commençai à voir de plus en plus souvent mon miroir
inconfortable, comme s'il était soudain devenu ami avec le
fantôme de mes chaussures anciennes
en fait, je crois qu'il se sentait dans son élément uniquement
avec une soirée *fado* qui remplissait son corps de répit

quelque part, le désordre, taché de pas, s'était endormi avec
un nœud marin autour du cou
comme en transe, les chiffons se sont mariés entre eux
sous la surveillance attentive de la sagesse au-dessus du stock

quelque peu affectée et chassée sur le tard avec des
mouvements brusques par le nord
l'un des fantômes prit amusé place entre moi et les deux
points rouges,
il me dit qu'il allait partir en Espagne, en lune de miel
c'est pourquoi, elle jeta depuis le balcon son jardin,
sa cour de derrière et le seuil d'amour
mon Dieu que de choses !

mais toi,
pourquoi ne m'as-tu pas apportée de cadeau ?

allez, je n'ai pas peur de toi !
nous pouvons danser,
les samedis ma maison est toujours vide

la lumière enroulée autour de tes épaules
se remet d'une chute de côté,
satisfait son habitude avec un palais rouge,
avec un absurde sans conscience,
qui, demain, est autorisé à être entièrement à toi

si vous ne faites pas attention aux signes d'une chose pénible
ils vieilliront entre les différences de domicile
et l'instinct primaire d'un grand cirque urbain

c'est bon à savoir que la passion reste la passion,
la copie fidèle du corps d'un fantôme en constante expansion
à l'endroit où les épaules l'ont aimée en répétant deux à deux

désormais il est plus facile de blâmer les parois minces,
le rond-point en bois ne te met plus en fuite

de loin j'aperçois une entrée truquée

je garde les yeux bien fermés
pour qu'ils ne se reproduisent pas tout aussi sauvages dans
les profondeurs du monde, celui qui ne voit pas ce qui se
passe dans ma tête, celui qui ne me dit plus rien
ne fait que grandir en moi jusqu'à ce qu'il me remplace par
un âge beaucoup plus vieux

depuis mon for intérieur je nourris toutes ses formes
de fruits juteux dont je me venge en sirotant leur pulpe

je suis le témoin d'un triomphe des géants aux pieds nus,
je dessine un éventail, une glace et un chien

lentement,
le temps descend vers le bout cupide et insoumis
de sa voie d'accès,
il a un tablier jaune avec des turbulences
dont il a perdu en route quelques-unes
avant de contourner avec répit le portillon
pénible à ouvrir

la course aux prières est entrée dans le final gracieux des
paroles, l'allusion se congratule seule
avec l'étourdissement métallique de mes propres genoux

pour cette raison,
je renonce aux yeux et, au final, au corps,
mais je compte encore les incisions dans la lune

tandis que l'entrée dans la parade change les règles,
je fixe l'heure exacte des murs entre 1 et 2

la dernière fois je fus assez patiente avec le jeudi après-midi
arrivé inopinément d'une complication et aussitôt endormi
debout, devant la porte

je l'ai rapidement et assez négligemment mis sur le dos d'un
il fallait que cela arrive,
j'ai levé les épaules et je l'ai oublié pendant un temps

mais, entre mon air et son air s'arc-boutait le dos d'une tenue
distance,
de gauche et jusqu'au fort proche et fort désiré blanc,
apprêté et piétiné par mes belles jambes et beaux pieds
après les avoir balancés longuement, comme vous le savez
déjà, au-dessus de la Crimée

par conséquent, j'ai interrompu brusquement sa soirée au
sommaire de la folie, je ne lui ai plus adressé la parole un
seul instant, je l'ai obligé à coudre seul à la main ses goûts,
son écriture inclinée et le matin de la démarche
et je lui ai montré du doigt l'endroit au rez-de-chaussée de
l'errance,

comment aurais-je pu encore ressembler à un vélo d'intense
infini garé pile au milieu du ciel ?

du point de vue du jaune,
il faudrait qu'octobre tienne tous les jours un pauvre discours
aux oiseaux à qui il a octroyé temporairement le droit d'être
des feuilles de pierre

que les magnolias d'acier offrent leur peau frigorifiée au
même marché de design, d'après ma montre qui fonctionne
comme si elle n'était plus elle-même, mais un débordement
de goûts étrangers par-dessus le siècle passé

que les accès d'hystérie des coings à la fenêtre soient
attribués à la lune de miel des saisons,
mais que la remise appartienne nécessairement aux
châtaignes mûres dans un petit atelier de réparation

et comme le jeu peut se poursuivre, puisque le mardi a été
annulé, je propose qu'on entraîne ce soir ton vin rosé
et mes intentions de tchin-tchin

sous la couette

j'aime les pluies qui commencent au petit matin
et qui me troublent tout le reste de la journée
alors, je change de place aux tableaux accrochés aux murs,
de l'un d'entre eux, quelqu'un m'observe l'air de dire
« c'est ton choix ! »
et je pince l'air humide puis je fais un bandage pour ma main
avec la carte d'une contrée chaude
où habitent deux femmes qui me ressemblent comme deux
gouttes d'eau, deux jeunes chouettes,
qui pèsent le ciel tantôt avec un œil, tantôt avec l'autre
et elles dispersent l'esprit de la pluie avec le bec jusqu'à la
porte dans l'espoir de lisser le chemin de cet été
on dit que les femmes-chouettes apportent la chance des
feuilles vertes, font de la bonne gelée de noix
et mettent de côté des jouets en peluche
pour iulia
si je ne les connaissais pas aussi bien,
je dirais qu'elles ont un seul cœur en or caché
par moi-même,
qu'elles crochètent des petits souliers et qu'elles portent toute
la journée dans les bras une parole comme un trophée
longtemps rêvé
hé, je les hèle…
ne voyez-vous pas qu'il pleut des cordes ?

je suis plus jeune lorsque j'observe uniquement des parties
de moi-même, je les retourne et je marque au dos dans un
alphabet morse, en bouleversant le rituel du lundi soir

tu vois à l'avance ma cupidité
et tu pends rapidement pour que personne ne s'en rende
compte, l'avenir de l'arête de poisson exactement à la queue
de l'installation électrisante,

au bout du lit, mon miroir se parfume
choisissant de descendre du froid sous la chemise de
l'histoire d'amour avec laquelle il se tient par la main depuis
quelques années

il paraît que le corps s'est choisi une tenue de gala du pain de
la vie et s'est dirigé vers le paradis pour servir du thé aux
cartes à jouer lorsqu'elles seront souffrantes

quelle véritable beauté a l'explosion dans cette photo, tu diras
peu importe ce qui adviendra dans son esprit ensuite !

je n'avais pas de guitare, mais cette nuit j'ai joué pour toi
avec mon corps

j'ai séché l'obscurité et je l'ai entièrement mesurée dans un seul hiver
(*bonne nouvelle pour la paix de Iulia*)

sache que les papillons laiteux habitent illégalement dans le chaos de la chair, ramassent la lumière sous leurs ailes quand personne ne les observe et transforment les petits mots de remerciements en couleurs qui leur vont bien dans l'insectarium tout l'hiver

quand ils se démarquent, ils ont besoin de beaucoup
d'attention, car leur seul œil de lune se débat derrière
chacun d'entre eux,
déménageant ensuite avec moi

pas étonnant que toute cette obscurité,
que tu connais à peine,
mélange les jours avec démence
et oublie l'endroit de la fête – en fait, je crois qu'il doit
être ainsi

eau et feu, rangées d'os trop mous,
les saisons interrogées obligatoirement, mal de gorge
et la proie de ton courage dans la rue,
des poupées sans cœur, le contour d'êtres de lumière
précisément au milieu du miroir,
ensuite fête généralisée

mais toi, tu iras bien,
tu portes depuis toujours le solitaire en diamant invisible
de mère, tu as appris à embellir les ailes des papillons,
tu les transformes tous en apparences
et tu les emmures !

ça y est, je commande des glaces,
« l'enfer c'est les autres »…

pendant un instant j'ai songé que j'allais être satisfaite
(*nouvelle au nom de mère et de père*)

j'ai trouvé le même chaos intérieur,
j'ai dû dessiner mes veines plus étroites
pour qu'elles ne se mélangent pas entre elles

les voix des pierres surgissaient de la terre
et recevaient des ailes pour trembler

je crois que quelque part la nuit supporte ses propres
nerfs, souhaite devenir au moins pour une fois, grande
même si elle sait que cela n'en vaut pas la peine

je n'ai de cesse de lui dire que les menottes ne cachent
rien, c'est juste pénible de les servir, car tu fatigues
et ensuite tu as mal aux genoux

les ailes font de la place au chaos pour qu'il se perde sur
la ligne de front, personne ne le voit pétrifié

un minuscule dieu se cache au coin de notre maison

mon corps, un immense ressuscité, a bourré l'odeur de sa
chair heureuse dans un cercle,
a observé l'avant avec moins deux degrés
et, en passant près du mauvais jugement des vieillies
chaussures, lui a jeté à la figure une vague idée

crois-moi, toi non plus tu n'aurais pas attendu plus
longtemps le pressentiment de ce rond-point
dont tu as toujours eu peur

c'est pour cette raison que j'ai jeté le lavabo de la terre au
vert d'un autre dire

je n'ai pas de sujet de conversation, mais j'ai une bouée
de secours

j'ai su dès le début que j'allais renfermer ma voix depuis
l'extérieur, que je ferai une grande clameur dans la rue,
que je ramasserai des coquillages et des fleurs
simultanément, que je demanderai au chemin mes mains et
mes pieds, la dernière nouvelle d'un lundi et d'un jour de
13 dans le calendrier

pour cela, je m'envoie des fleurs à moi-même,
avec l'esprit pur je m'arrose
(oui, je vais bien, j'éparpille mes traits de pleurs et de rire,
d'un côté et de l'autre
je reste avec un goût neuf sur mon palais)

apportez-moi un *bloody mary* !

mon ombre a avalé une orange, à présent elle mime avec
plaisir un arbre
la réalité est composée de bribes
et commet parfois des erreurs
même si elle a bien besoin d'un confessionnal
elle choisit : de rouler à bicyclette, Faulkner, beaucoup de
tableaux et quelques kilos en plus,
ensuite se regarde dans le miroir
elle est parfaite !

quand elle ramasse des tensions de calibre,
elle tient prête une fronde qui lui permet de garder le
rythme saccadé ou alerte,

cela dépend de la résistance…
les médailles restent derrière, pour constater les dommages
collatéraux et le chemin frayé dan le monde
c'en est fini des oranges ! je te dirai
je suis dans l'embarras ! Nous ne pouvons plus faire
l'émission ! tu n'as pas de robe !
laisse ! on peut aussi vivre de la sorte,
imagine-la tout seul
et dis-moi plutôt de quoi ai-je l'air ?

telle une dame gibbeuse à qui tu permets parfois de vivre,
allez, découpe cette photo, jette le reste
et épate-les !

écoute ! mets un chapeau pointu !

peut-être ne me crois-tu pas, mais moi aussi j'ai eu jadis
une partie du corps qui chantait dans la rue
et dans laquelle je rassemblais mes chimères
pour qu'elles me lavent les écharpes jaunes et pour siffler

la seconde partie, plus effrontée, plus accablée,
ressemblait à mon ombre, me quittait souvent
et ne manquait de rien
tous les samedis elle me portait mon chapeau de paille,
m'habillait en mariée à l'envers
et chargeait mon dos d'une forêt d'oiseaux
tout aussi jaunes, de cierges et d'une gorgée d'eau

comme l'autre moitié n'avait de cesse de chasser mes étourneaux,
je me voyais dans l'obligation de me serrer moi-même dans mes bras
comme un vieux journal,
de ne plus parler avec moi-même, de me coller uniquement des nœuds
sur le corps et une planche en bronze
de temps en temps, je me couchais sur une seule oreille en plein jour
où se trouvait une couleur non encore entamée et un humain vivant
dont la ressemblance avec moi était frappante

celui-ci, en revanche, avait une âme en bois
et passait par-dessus

*parfois je me cachais sous le bureau, dans la pièce avec
des lambris*
qui avait été à mon grand-père,
mais qui me l'a offerte en échange des trois petits bâtons
parfaitement calligraphiés au CP

moi, j'aurais préféré une montre, mais il y avait du
monde à la fête
les choses s'étaient un peu entremêlées
et ils m'ont envoyée me coucher

le bruit courait que la robe de grand-mère aurait été
teinte
en bleu électrisant et nerveux,
et qu'elle allait jouer une pièce acoustique

je regardais par la fenêtre : traces dans la neige
quelqu'un d'invisible dessinait avec ma propre main sur
la vitre
une carte des émotions et un volcan,
quelqu'un d'autre, bien plus âgé, aspergeait le feu rouge
avec des passions aux tempes
pour qu'il se relève avec ses pirouettes aussi
et qu'il fasse l'amour jusqu'à l'épuisement avec tous les
cœurs
frais
réunis en un seul cœur

maintenant, c'était peut-être plutôt mon grand-père qui
se cachait sous le bureau
tandis que je m'opposais à ma robe de neige
avec un champ qui aurait pu être brun
la mélodie de la grand-mère était devenue un cri
que d'autres avant elle avaient pas mal porté
pendant de longues années

l'offre du jour est la théorie de base des pleurs
qui est éveillée, liée à moi
je pourrais lui briser une aile,
mais je risque de trouver à sa place un pommier en
fleurs,
et que mon œil soupèse le report pendant encore dix
secondes

je pourrais traverser une vaste étendue d'eau
si je ne craignais de l'entendre crier : qu'est-ce qui te
hante ?
la flamme, le linceul, la pièce vide,
tout cela a connu le pire des sentiments qui soient
mais aussi le meilleur…

assurons-nous donc de pouvoir arracher au sang
les obsessions,
les bras levés, presque beaux, douloureusement défaits
car, vois-tu, homme…
quand il porte nos valises à travers le raccourci, le passé,
une matriochka déteinte, fait des exercices de
rapprochement avec nous,
et si nous l'observons plus attentivement, nous
remarquons qu'il n'a pas de lunettes pour conduire
et il s'agit là soit d'une embuscade, soit d'une grande
chance…
et c'est ainsi que suspendus au bord du miroir
nous laissons le refrain avancer,

nous construisons le silence plus aisément qu'un mur,

tout est un rêve auquel adhèrent les nuits peu nombreuses dans notre propre être,

les flashs ne sont plus uniquement sépia, mais aussi à l'intérieur et en profondeur,

là où on ressent l'étendue du vide feuilleté, apprivoisé et choisi

pour vous tenir loin des coupures

comment reconnaître celui qui bloque le chemin

si son visage incertain est collé à son dos, se couche entre les rideaux

et au premier rang ?

par conséquent, la philosophie de la juste impuissance est si proche du retrait,

tu as beau t'agiter, 21 bouches, pendant 21 instants, font simultanément des vocalises,

crie de toutes tes forces : « pardon, ici il fait toujours froid, la nuit est la seule maîtresse,

j'ai asséché l'obscurité et je l'ai pesée tout entière dans une seule lune ! »

les paroles restent incrustées dans la maison, dans les fêtes

seul le poète cultive toujours vaillantes les couleurs

du reste, tout va bien, il divise en parts égales le bleu,

et il a déposé deux pierres sur l'âme, il vérifie les prix

un jour, mon corps est jeune,
un autre il vieillit soudain, je ne le reconnais plus,
il semble être une créature qui bat l'air
et le disperse désespérément par-dessus

le jeune efficacement se cache en moi
l'autre est à l'extérieur ou bien contre moi…
ce dernier est retenu, mais sans preuves,
il m'implore de croire qu'il peut ressusciter Manole,
me murer les âges à l'intérieur,
de le regarder ensuite de haut comme un type chanceux

l'un de mes deux corps est inadapté,
mais j'ignore lequel
les deux changent d'avis, se changent souvent entre eux
et me disent quelque chose sur le temps, sur les choses
qui comptent,

jusqu'à ce que d'un seul coup, je comprenne :
je suis mon seul corps enfermé dans mon propre corps,
en moi je suis tout ce que je suis
je me tire les cheveux et la peau s'empourpre sur
mon visage,
je m'aperçois sans lunettes dans mon corps d'hier,
demain je ne me reconnaîtrai probablement plus

je jette vers le haut le miroir et en tombent de petits
humains,
il paraît une sorte d'inutile geôle, avec des barreaux se
promenant libres
et se recouvrant les uns les autres comme s'ils
craignaient
de se dorer au portail du baiser
de le tenir occupé

les petits humains n'ont pas de costumes,
s'ils se blessent, ils imaginent seuls de nouveaux
prénoms pour eux-mêmes
et en bâillonnent la plaie, pour qu'on n'en entende pas
les hurlements
renversés dans leur chair, dans le corps du dimanche

la clémence d'un mur a elle aussi une durée de vie assez
courte
qui sait pourquoi je ressens le besoin de me laver les
mains
en plein milieu de la nuit

aussi étrange que cela puisse paraître, j'ai un puzzle avec des poupées collectées

dans un parc où elles étaient en train de construire des cercles

sans commettre la moindre erreur sur la régularité de leur rondeur

elles semblaient me dire : regarde, on reste ici avec toi car seule toi nous vois,

nous nous assurerons que tu es bien la dernière !

quand je vais en ville, je m'achète avec entêtement diverses significations

qui sonnent n'importe comment,

des roses chez la femme russe au coin de la rue pour le bouquet de mariée

et un morceau de nuit stratifiée,

qu'ensuite je disloque, en l'ébouillantant entre deux mondes différents

à l'instar d'une punition envoyée par l'hiver en lieu et place d'un cadeau

le temps surgit avant même que je puisse m'y fier,

je le laisse pousser au coin de la maison, sur trois rangées

qu'il lève dans ces cercles des poupées

près de la fermeture du cœur

je répète avec la forme de la pièce toutes les sales danses destinées aux fêtes

j'ai longuement évoqué la lumière de la cour
tendue bizarrement dans l'air,
je me souviens t'avoir raconté comment je m'étais
réveillée en l'englobant
ce qui me semble a retardé tout mouvement à venir
et les pensées,
et les sens

tu m'as dit d'attendre que le jour passe entièrement,
de lever un verre le goût à l'envers,
pour que le sang de l'habitude bouille et que l'air
devienne plus révoltant encore

mon corps se répandait en paroles,
elles m'emmenaient toujours au même endroit,
l'air est tout à l'intérieur de moi,
d'où il glissait doucement pour remplacer toute chose
vieillie

j'aime cette fièvre que je verse dans des moules de
navires réels
sans tout lui dire, je trompe une tempête
et je te l'envoie

ce corps bouge de plus en plus lentement
dans sa tentative de dissimulation du portrait de la laideur
à un autre endroit avec le signe de la porte fermée,
précisément entre deux néons dont s'égouttaient,
bien entendu, toujours deux hypothèses sans sourires
et si elles étaient de la même famille, par alliance,
cela signifie que la raison du passage de la barrière
ne pouvait pas être immédiatement plausible seulement si
une femme l'avait deviné dans l'étendue de sa manche
et puis l'exhortation n'avait aucun problème de vue,
par conséquent tu pouvais t'asseoir confortablement devant
et de là compter à voix haute les inscriptions
de métal content du tramway,
brusquement descendre en marche
sans même te douter
que tu y laissais ta vie seule et imbibée de noir se nourrir de toi-même

sublime et impropre avec confession

je suis parvenue dans le contexte sans m'en rendre
compte
que je n'avais jamais encore conduit avec le volant à
droite
dans d'absurdes sondages,
je suppose que c'est quelqu'un d'autre qui est entré dans
le rayon de fiction
Dante Belle et qu'à présent péniblement le tractait

prenez, chacun d'entre vous une affiche !
cherchez-le partout ! criait Big Tac
je suis champion mondial de la mémoire,
je sais quelle cible nominative Aphrodite était !

et les boucliers s'alignaient,
glissaient le long du sens jeté de mon corps
et ne le défendaient pas,
la joue de la timidité ne s'empourprait point du fait de la
confession,
mon absence recouvrait le tout et se dissipait
je sentais tes yeux s'ouvrir verts dans l'estomac,
mais mes mains trop petites étaient pour que je les
ramasse
et que j'en rebouche sans pertinence les orbites

revenez plus tard !

58

n'avez-vous pas lu les journaux ?
quel est ce film ?

un locataire imaginaire a falsifié tous mes instincts,
l'expression de pierre qui défilait et les partages
d'ascension
et c'est ainsi que je suis devenue encombrante sur le
canapé,
j'ai fait le tour du verger pour avaler son silence,
j'ai reporté trois-quarts de la définition de la verticalité
dans le trafic et dans le miroir

crois-tu que je devrais te suivre ?
j'ai apporté le portefeuille de *bitcoins*…

j'avais une odeur de vert...

tu sais, ce vert avec lequel tu t'entends par de simples regards
et que tu tiens par le bras longtemps après qu'il te fut passé dessus

on me disait souvent qu'il m'avait modifié
la couleur des yeux,
qu'il me jette derrière des profondeurs de fontaine
jusqu'à ce qu'un oiseau arrive pour y déposer sa voix

ce n'est qu'alors que je rappelais d'un peu partout les yeux affamés,
je les rangeais dans des contenants précieux pour ensuite les tamiser
en goutte-à-goutte sur le nouveau visage de la canicule
les cendres doivent être conservées jusqu'à la fin ultime,
tu ne dois opposer résistance à aucune ressemblance :
elle est purement fortuite et admire toutes les étoiles dans ton verre,
n'émets pas de sons étouffés et ne souris pas bêtement
à la victoire sur les herbes vivantes

et quelle importance si le corps te désobéit et fait naître encore un bras vert
du côté gauche ?
sur le tard, sous la pluie de coupures il criera

60

le toucher lacéré dans la chair et le vert craquelé
plus rien ne restera derrière !

un beau jour j'ai heurté le paradis alors que je jetais
mon aura
vers mon absurde préféré
trop plein et ouvert m'a été alors l'interstice du temps
sous des cadencements de roses, sous des repentirs, sous
des rouleaux
et sous des mouvements maladroits ou des torsions de
mains

comment aurais-je ressenti autrement ce matin dont je
me languissais
que j'avais mendié auprès de mon corps, bribe éveillée
de rouge
plus précis que je ne le savais
parties sans lien les unes avec les autres ont chauffé du
miel
l'air du mois de mars tout d'abord, pile au milieu de
l'assemblée des anges

j'ai reçu le plus beau d'entre eux,
je suis devenue femme avec un nourrisson de la taille
d'un coquillage dans les bras
qui m'a choisie pour être celle qui balance son augure,
pour allumer son monde,
pour le jeter sur des hauteurs portant fruits et le moudre
grain par grain pour lui
pour qu'en aucun cas il ne devienne le bord d'un signe
de trop petite taille

ce matin-là m'a gâtée, le froid s'est éteint
le lever du soleil m'abreuva en eau dans une tasse de
porcelaine
et qu'elle ne fut la soif avec laquelle j'ai bu !

le silence je l'ai gardé en présence de l'espoir et la foule
je l'ai quittée
ma maison était à présent une balançoire d'anges et de
clochettes

j'ignore si tu as déjà ressenti le goût de la matinée
du lundi avec des fenêtres fraîches,
celle qui vit dans la couleur des joues,
t'écrit au sujet de la beauté
et avance à pas de loup sur les traces de certaines statues

aussitôt apparaissent des hordes de vert où les oiseaux
laissent des traces
et une couronne s'en réjouit
si tu ne sais pas te défendre, les instincts des pommes
mûres et réunies
guettent tes bons signes, leur dérobent la chemise de lin
et mettent des chaînes à ton esprit

mais tu fais une rotation et chantes *alto* aux terrains
vagues
la couleur floue et le col amidonné de l'humain
sont ailleurs concentrés

la tourte de la journée de toute beauté t'attend jusqu'à
demain

je savais que j'avais jadis vu l'œil de lune
distribuant des ombres dans les rues,
mais à l'époque il n'était habité par personne,
il tombait rouge d'attentes dans les échos et, avec le
septième signe,
liait les habits de tout le monde dans un profond
sommeil,
une sorte de frère innocent de la main gauche
(tu sais, cette main qui écrasait entre des *capricci*
la façon d'être de quelqu'un)

à travers les restes on apercevait déjà alors une légère
brillance
il a fallu sept hautes intentions pour qu'elle traverse la
glace
et que l'œil de lune revienne de nulle part
avec un autre œil plus petit à pardonner

partout des lumières se sont dissipées,
il n'y eut plus besoin de corps,
sans lui je monte plus vite sur la croix

détails de la chambre rouge

je garde toujours quelque part les cuisses d'une fleur,
je les revendique lorsqu'elles craignent de rester avec
moi,
je peux même les transformer en oiseaux ou bien dans le
sang des grands jours
pour que tu les traduises de nouveau

regarde comment nous ouvrirons doucement la porte
et nous demanderons la permission de punir de plein gré
la gauche de la nuit lorsque sa voix tremblera
nous serons si peu l'oisiveté de l'énorme bleu
pour pouvoir aimer ses traces jusqu'à tard

n'aie pas peur, tu habites à l'intérieur de moi,
tu m'écris de longs poèmes sur le ciel dévoré des
cuisses,
vigilant quant au fait de ne pas les blesser avec la faim
presque inconnue,
agglutinée dans la chair et l'esprit

aucune loi ne m'empêche de découvrir la montre
cordiale qui n'est peut-être même pas une montre
qui n'est peut-être même plus libre

au-delà de nous deux, une maison rouge se lève sur la
pointe des pieds

en général, je dispose d'autant de temps que je le veux
parfois cependant, par un sadique plaisir, je le torture
avec une fine aiguille à tricoter,
il se lève au-dessus de moi, s'allonge et disparaît,
en exécutant une pirouette dans une absence avec
l'accord tacite du Grand Auteur

mais les poches sous les yeux me connaissent fort bien,
nous faisons vite le bilan des pertes,
nous grommelons les unes envers les autres, nous
arrangeons autant que nous pouvons
les expressions dans nos mouchoirs
et nous parvenons à la conclusion que cette zone est
assez difficile à traiter
enfin, abandonnant les petits cartons rouges,
je fanfaronne en ambulatoire avec les paratonnerres de
compagnie,
ta gelée de piment et le conditionnel optatif du service de
nuit
en plus de l'ajout de mes os de soie

et, voilà, je te donne cette jeune faux pour que tu lui
strangules les chevilles
j'envoie même des renforts

quand je parviens à mutiler le jaune ahuri de mon
imagination,
je lui mets sa dignité de côté et je renonce à le voir
encore
pendant ce temps-là il pénètre dans le temps d'une photo
et modifie en la déséquilibrant la démarche claudicante

je me jette dans un siècle pas préparé,
il se résigne à propos de cela en s'asseyant sur un autre
banc auprès de la beauté
un instant !

je ne me précipite pas et ne me retourne point ! dit le
plan de
sagesse
en se substituant en hâte à une philosophie de haut rang

jaune, la partie tournée vers le mur me cajole avec des
fruits de forêt
ils me brûlent, les chiens aboient pâlement
cela tombe bien ! dans cet hallali je ne me reconnais
plus !

tu es Ana et parfois tu sors du mur pour dégourdir ton
air

tu l'entasses dans une amphore ancienne, le sirote
lentement et tu t'en rassasies
tu deviens deux fois plus lourde comme si tu avais
enfermé en toi un autre homme
(il avait détruit bien avant les reports et à présent il veut
les asseoir
dans une balançoire en dessous de laquelle il a semé des
clous à la place de l'herbe)

tu ne bouges point, seuls tes yeux mordent dans les
autres
pour briller eux aussi un peu
tu as des chaussures rouges, donc ne t'assois pas près de
n'importe qui
les dames doivent toutes passer dans une haute rangée
pour laisser une place aux terrains vagues

maintenant tu n'as même plus besoin de chapeau
ce mur a un tympan malade

au cœur de tes paroles tu as enfermé une prodigieuse
passion
elle réchauffe l'air de ta poitrine
comme une fine traînée sur un ciel cadenassé
ton corps se promène, solitaire
faisant pousser l'herbe derrière lui
les passants l'évoquent comme si c'était un autre
ils disent qu'il sirote des flammes dans deux verres,
qu'il observe ses propres yeux à travers un sommeil
pénible
et ne se suffit plus à lui-même,
alors, il incrimine la lumière
et fait naître un visage humain à partir d'une foule
difforme,
la pierre sèche il l'écrase avec son esprit
et il attend que tombe une aiguille de l'horloge
de vivantes icônes
à l'infini

la chemise blanche sous laquelle tu te caches
toi sans toi-même
croît de la chair de ton corps
perdu entre deux mondes
où tu n'as rien à faire
car tu ne sais même pas si
tu es seul
au point de te chercher
sans t'étouffer
dans une étroitesse sans fin
tu n'as pas de nom, tu n'as pas de place
mais tu as une plaie profonde dans ta chair
à travers laquelle tu t'observes recroquevillé
près de cet endroit chaud
à proximité du cœur,
que tu partages aux étrangers assis à ta table,
tu rêves encore d'anges arrogants
de temps en temps,
tu ne te vois pas,
tu ne te ressens pas,
mais tu te verses toujours dans ton sang
pour pouvoir te boire depuis le même vice
jusqu'à la fin

tu te dois de porter des habits blancs
lorsque tu recherches tes propres traces
dans les geôles brillantes du monde,
quand s'ouvrent les cadenas des bouches
et que le dieu dans lequel tu crois
mime de nouvelles formes dans tes entrailles

quelle que soit la partie de corps retenue,
sous ta peau bouillonnera ce mois de janvier
qui parvient à toujours naître blanc et noir
de l'articulation vers toute autre part
et je ne sais pas comment fais-tu pour
que tout près du mur
tu parviennes toujours avant les autres…

l'humain dont je fus extirpé
était un marchand de commencements
qui se trouvait dans le galop de ce monde
caché du syndrome de la panique
de chaque jour vécu à l'envers
je suis la réplique en miroir
de ma propre liberté
maintenant je devrais ressentir quelque chose
mais ce n'est pas le cas
il n'y a que le sang de la parole qui s'écoule au milieu de
la rue
les passants retournent parfois la tête
je songe qu'à l'intérieur de la parole
il fait si noir
je prends juste appui sur son ombre
le marchand de commencements passe nonchalant entre
les gens
en répétant :
ceci oui,
cela non,
toi non…

la balle fixe de son regard le milieu de ma poitrine
dénudée

parfois tu peux dessiner les jours dans lesquels tu
n'avais rien à y faire
ou bien les enlacements imaginaires dissimulés entre tes
os
c'est plus difficile cependant avec le bruissement des
cœurs qui réclament
les distances sur un ton élevé
tu ne disposes pas d'outils pour la chasse et, de surcroît
vous dormez séparément la nuit

avec un bol d'argile tu verses la mer à l'endroit indiqué
et tu apprends à la porter après avoir soufflé par-dessus
elle un brin de ciel
entre toi et lui fleurit la roue du soleil

à ton goût, la dernière pensée ramasse les paroles
et elle guérit l'obscurité d'heure en heure
tu tires au sort les profondeurs dans lesquelles tu ne crois
plus et tu fais une pirouette
ton âme dépourvue d'ailes habille une nouvelle fois ton
ombre

tu fais en sorte que ta propre ombre ne conspire plus, et
alors ?
pourvu qu'elle existe encore une fois
une belle fois pour toutes !

chaque lundi je marche parallèlement
au trait interrompu du hasard
je compte des signes et je range joliment le rituel
avant et après les applaudissements
un papillon habite en solitaire à l'intérieur de moi
par période de sept années
pour avoir le même âge que lui, (mais je ne m'en plains
pas)
c'est lui qui change, le temps au nord ou bien au sud
ou qui sait encore ?

je me tais devant l'entrée dans le cœur
ici, personne ne passe,
seul le corps du fantôme brûle
jusqu'à nos jours

il s'accroche au monde avec un fil jaune
et demeure ainsi

sous ma peau se trouve une autre peau dont j'ignore tout
elle élabore une veillée de lavande
en transgressant les règles du paysage
qui ne servent de toute façon à personne

j'ai encore en tête une dizaine de pages sur l'expulsion
du paradis
et la preuve, tout comme la trahison
ou bien deux lots perdants avec lesquels cependant, on
peut
très vite annuler un village d'exilés

cela pourrait me servir à présent un contrat
supplémentaire
avec mon imagination *blue air* dans son édition de
suspens

qui pulse l'absence de quelques sentiments

cette strate de peau en dessous de ma propre peau se
courbe,
ses petits pieds verts en ressortent

j'encercle le balcon avec des fleurs et je l'appelle voyou

peut-être que j'ai porté avec moi partout ces affaires
comme si quelqu'un me les aurait cousues sous la peau
avec une corde,
tandis qu'elles se sont métamorphosées en humains avec
de vrais visages,
leur cri a surgi de mon corps mille fois
et tout autant de fois il s'est précipité dans l'aventure du
coin
droit et, partiellement, du coin gauche de la table,
au bon moment pour la description sommaire de
l'agence matrimoniale
au bout de la rue
c'est pour cette raison que j'anoblis souvent les caprices
du papier à journal,
au plat suivant, les soldats orphelins ont envie
de glace avec expérience et de parenthèses vierges

il est bien évidemment inconfortable de posséder un
château adopté par les barbares
quand, d'habitude, ils vendent des publicités avec entrain
propre au chef cuisinier
et des tapis d'osier aux escargots portant des prénoms
féminins

tu dois cependant savoir, que si tu as déjà tes bagages
prêts,
la machine du temps peut t'amener jusqu'à la vieillie
Sulfina,

la preuve résidera dans des photos
après une magie qui chassera le mauvais œil

et, sais-tu ce qu'il en est de ces alliances ?
ce ne sont que des affaires reliées par la même corde
aux soldes d'été
pour qu'elles se retrouvent dénudées dans la cour du
château Bran
je dis toutes, mais au fond…

la fierté de ma porte s'étend jusqu'à la couleur sans antidote
de la fin,
tensions de cloches attirent et adoucissent ses faiblesses,
toi et moi, nous sommes pareilles, je te crie
j'aurais pu me changer
mais j'aime sortir ma bague de mon doigt
et imiter des cuillères qui dansent sous la peau

je deviens téméraire, je m'habille en rouge,
je dessine une autre femme
pour que la malédiction étourdie de cette noce pleure sur
son épaule

pour demain je veux le soleil tout entier, corde verte
et une douceur stérile
empruntée

ne t'étonne pas !
mes poupées ont toujours été jeunes et belles

une identité incertaine, tombée amoureuse d'une seule
main d'un bistouri,
l'a pris pour mari sans aucune protestation, pour noyer sa
peau
en égale mesure avec de la vodka et de la pitié

quand la nuit où elle n'avait rien à faire fut tombée
elle a séparé ses faits de demain de force
et les a transformés en début de rues enceintes avec un
petit 2, au printemps

donc, la première partie de la cathédrale du peuple
nécessitait
l'autre main libre pour un étage avec des différences
de poche et d'illusions
(par malchance, cependant, il boit tous ses esprits tantôt
avec l'une,
tantôt avec l'autre)

c'est pour cette raison, qu'il avait, aujourd'hui encore,
des dents de lait
et cultivait quotidiennement des tableaux de porcelaine
entièrement occupés
par les bruits jeunes si affamés du monde

conseillé par le vieux marchand d'icônes,
le croyant dans le jaune a retourné l'autre moi de 2
et de trèfle du côté empoisonné

80

ce n'est qu'alors que le chat du voisin a vu la publicité
pour le paracétamol, il lui a semblé belle
et il l'a miaulé dans un bleu d'emprunt

et voilà que
le minuit de la nuit de bière, bien que jeune, a garé,
inopinément
juste sous la couverture, à une autre noce muette qui
passait dans la ville,
installait des signaux dans les rues et vivait avec l'un
d'entre eux
avec un appel, ou bien avec rien

plus personne ne sait de quelle manière a été moissonnée
la lumière

l'histoire dit qu'elle a pêché avec une grippe en mohair
téléchargée sur internet,
la connexion provocatrice a brûlé les calories avec
l'aspirateur
et, au final,
elle est restée dans la saumure
accrochée à un os

je sais qu'il y a nécessairement quelque chose d'autre
derrière ce qui me passe par la tête
et alors je marche pieds nus, en piétinant tous les
parapluies en même temps,
je me lève et je pousse ceux qui sont ébréchés,
ceux qu'on confond avec la vapeur, ils sont trompeurs
et surgissent
en m'éclaboussant de lumière et d'or

de stupides choses se détachent, font des sauts téméraires
entre six et sept heures du matin

des siècles descend le sommeil qui me ferme la porte,
regarde, je me souviens même de ces milliers de visages
rencontrés dans la rue,
certains courent, s'élargissent et aspirent sur commande
des glissements
et des trous d'air,
d'autres se cachent, mordent en catimini dans le pain du
soir,
pour qu'on les remarque, émiettés,
pour être jetés en avant,
respirés avec soif

je vois soudain que l'un d'entre eux se pose sur mon
visage comme s'il
s'y trouvait depuis la nuit des temps,
comme s'il poussait de moi-même muet,

82

identique aux fleurs du cimetière,
à celui qui se trouve au loin
et alors je deviens son esclave, je porte ses cernes d'eau,
je pénètre sa chair et j'y reste

je n'ai plus besoin de corps
sans lui je grimpe plus facilement sur la croix

avec un peu de chance, le nord que j'ai perdu sera libre
au moins à un bout
sans que je doive confesser comment je suis passée
devant ma propre démarche
et comment celle-ci s'est perdue en moi légèrement
déshumanisée
et paraissant être un faux en comparaison avec
l'incompréhension du monde

c'est peut-être pour cela que la ligne de départ ne prend
plus au sérieux les stratégies ridées,
les jeux de dames, des bâtonnés et des perles de verre,
elle cajole uniquement l'orchestre des dettes dans le
creux de la bassine

je suis plus tôt sur l'autre côté arrivée à maturité au froid,
la vieillie descente s'endort toujours dans la salle
d'attente,
elle a un goût de lait et s'est pétrifiée lors de la
distribution de nouvelles
dans un *peut-être* absurde et absent

sans aucun entrain j'ébroue mon corps de ses ombres
et je m'abrite dans un restaurant où ils n'ont pas de lapin
parce que Iulia, l'a sauvé un peu plus tôt

il s'est intensément préparé pour le moment où elle sera
absente
il a puni la flamme dans son estomac qui avait
commencé à se superposer sur lui-même…

trop souvent pétrifié entre celui du dedans et celui du
dehors,
il dut pousser l'un pour voir l'autre

avec le temps, la bourse de beauté était tombée dans le
tohu-bohu d'une autre maison
les parfums étaient moins chers,
les grâces devenaient de plus en plus confuses,
celles dont elle rêvait portaient des fichus sur la tête
et restaient faire la fête longtemps après minuit

elle aurait voulu oublier brusquement son corps qui se
liquéfiait
sous prétexte qu'elle s'était enfoncée trop dans la
banalité,
pour qu'elle cesse de s'envoyer battre la campagne
et qu'elle retourne toujours, à l'instar d'un mort
dans son obscurité

mais la nuit, la nuit surtout,
deux étrangers déménageaient leurs habits d'un journal
de survie
dans une descente définitive, sans pouvoir s'arrêter

85

la ligne toujours plus interrompue du rouge s'écoulait
vers le rez-de-chaussée

avant tout
tu songes que tu aurais pu arrêter le désamour
quand des ailes te sont poussées d'un autre côté de la vie
cette réalité, bien qu'insignifiante,
grognait dans tous les recoins de la maison,
et même dans la poitrine à travers un trou noir

de toute évidence un iceberg t'écrase sous la trace de la
solitude
les mains se lèvent au ciel,
l'impossible impatience paraît en parfaite forme,
tu voudrais te presser quelque part, mais tu n'as pas où
à droite il n'y a aucun danger,
à gauche, juste tes pieds froids sous le drap bien tendu,
sur la terrasse, l'autre jour et une tristesse hurlent chacun
vers un doigt

je veux croire que ce dieu-ci
ne s'étouffe pas aujourd'hui dans le besoin d'autres
besoins
et que ma robe de mariée est encore visible depuis la
lune

et même s'il n'en est rien, mon chéri, un petit échec est
un truc
que je comprends fort bien

l'intention de la fin est absurde, je rassemble des infos,
j'ai le droit de l'étonner de l'assise de cet itinéraire
alambiqué, sa main vieillie ne conduit plus l'arrière-cour,
avec les yeux et les oreilles d'une erreur

à côté, est en train de se parfaire une forme fermée
en collant ses fissures avec de la glaise, à gauche,
l'instinct, fait des borborygmes vers une autre couleur

et les invités arrivent,
on cajole le pain à l'extérieur,
en se penchant vers moi, il pleure,
seulement après il tombe sur les mêmes comptes que ceux de
la table de soirée que je reçois

un papillon de brouillard soupire dans mon estomac

je cours au rez-de-chaussée,
ni plus ni moins

revenant au final,
je me suis fait une place dans sa conclusion
et si je suis parvenue jusqu'à là,
je poserai mes propres bars autour du cou,
et je lâcherai dans l'air des tranchées qui m'aimeront
de plus en plus

cela attirera derrière soi tout un indicible désordre,
une manière d'apprendre de quelle façon m'aiment les
restes, les années,
le tailleur dans lequel je cours

vois-tu ? finalement, tout ce qui compte
ce ne sont que les instruments de torture

SOMMAIRE

la dernière fois je fus assez patiente avec le jeudi après-midi/37

du point de vue du jaune/38

j'aime les pluies qui commencent au petit matin/39

je suis plus jeune lorsque j'observe uniquement des parties de moi-même/40

j'ai séché l'obscurité et je l'ai entièrement mesurée dans un seul hiver/41

pendant un instant j'ai songé que j'allais être satisfaite/43

mon corps, un immense ressuscité/44

j'ai su dès le début que j'allais renfermer ma voix/45

peut-être ne me crois-tu pas/47

parfois je me cachais sous le bureau, dans la pièce avec des lambris/49

l'offre du jour est la théorie de base des pleurs/51

un jour, mon corps est jeune/53

je jette vers le haut le miroir et en tombent de petits humains/54

aussi étrange que cela puisse paraître, j'ai un puzzle avec des poupées collectées/55

j'ai longuement évoqué la lumière de la cour/56

ce corps bouge de plus en plus lentement/57

sublime et impropre avec confession/58

j'avais une odeur de vert.../60

un beau jour j'ai heurté le paradis alors que je jetais mon aura/62

j'ignore si tu as déjà ressenti le goût de la matinée/64

je savais que j'avais jadis vu l'œil de lune/65

détails de la chambre rouge/66

en général, je dispose d'autant de temps que je le veux/67

quand je parviens à mutiler le jaune ahuri de mon imagination/68

tu es Ana et parfois tu sors du mur pour dégourdir ton air/69

au cœur de tes paroles tu as enfermé une prodigieuse passion/70

la chemise blanche sous laquelle tu te caches/71

tu te dois de porter des habits blancs/72

l'humain dont je fus extirpé/73

parfois tu peux dessiner les jours dans lesquels tu n'avais rien à y faire/74

chaque lundi je marche parallèlement/75

sous ma peau se trouve une autre peau/76

peut-être que j'ai porté avec moi partout ces affaires/77

la fierté de ma porte s'étend jusqu'à la couleur sans antidote/79

une identité incertaine, tombée amoureuse d'une seule main d'un bistoury/80

je sais qu'il y a nécessairement quelque chose d'autre derrière ce qui me passe par la tête/82

avec un peu de chance, le nord que j'ai perdu sera libre/84

il s'est intensément préparé pour le moment où elle sera absente/85

avant tout/87

l'intention de la fin est absurde, je rassemble des infos/88

revenant au final/89

d'autres livres de l'auteur :

Je m'appelle deux, Editura Rovimed Publichers, Bacău, 2013 ;

La forme des pas perdus, Editura Transilvania Publichers, 2013 ;

L'Évangile d'après moi-même, Editura Rovimed Publichers, Bacău, 2014 ;

Le jour où j'ai ressemblé à moi-même, Editura Art Creativ, Bucarest, 2014, IIIᵉ place du concours des plus beaux livres de l'année 2015 ;

Quand je parle en mon nom, Editura Art Creativ, Bucarest, 2016 ;

fragiles, Editura Art Creativ, 2017, poèmes en prose ;

Une autre Ana, poemes traduïts en català per Pere Bessó, Editura Art Creativ, 2018 ;

Les Noces des fantômes de papier, Editura Art Creativ, 2019 ;

La superbe robe noire de mon ombre, Editura Art Creativ, 2020 ;

Les Temps s'écrivent dans le journal d'un chat sauvage, poème théâtral (incommode et même bizarre), Editura Art Creativ, 2021 ;

Perspectives critiques – petit discours inclus (critique littéraire), Editura Rafet, 2021 (Prix des éditions Rafet pour la critique littéraire au festival *Titel Constantinescu*, XIIIe édition, 2021) ;

Œil de lune, Editura Universitară, 2021